AF490446